OS 7 HÁBITOS DOS PAIS E PROFESSORES FASCINANTES

AUGUSTO CURY

OS 7 HÁBITOS DOS PAIS E PROFESSORES FASCINANTES

CDG
Grupo Editorial

Título: Os 7 hábitos dos pais e professores fascinantes
1ª edição: junho 2022
Edição promocional

Autor: Augusto Cury
Edição e preparação: Lúcia Brito
Projeto gráfico: Dharana Rivas
Imagem de capa: © Arztsamui / Shutterstock

CDG Grupo Editorial

CDG Grupo Editorial
www.cdgeditora.com.br
contato@cdgeditora.com.br

SUMÁRIO

INTRODUÇÃO

Este livro falará ao coração de pais e professores, a quem chamarei de educadores. Eles lutam pelo mesmo sonho – que seus filhos e alunos sejam felizes, saudáveis e sábios –, mas jamais estiveram tão perdidos na árdua tarefa de educar. Ambos sulcam e cultivam os territórios mais difíceis de serem trabalhados, os da inteligência e da emoção.

Nossa geração quis dar o melhor para as crianças e os jovens. Sonhamos grandes sonhos para eles. Procuramos dar os melhores brinquedos, roupas, passeios e escolas. Não queríamos que eles andassem na chuva, se machucassem nas ruas, se ferissem com os brinquedos caseiros e vivessem as dificuldades pelas quais passamos.

Os jovens são preparados para lidar com decepções? Não! Eles são treinados apenas para o sucesso. Viver sem problemas é impossível. O sofrimento nos constrói ou nos destrói. Devemos usar o sofrimento para construir a sabedoria. Mas quem se importa com a sabedoria na era da informática?

O conhecimento se multiplicou e o número de escolas se expandiu como em nenhuma outra época, mas não estamos produzindo pensadores. A maioria dos jovens, incluindo universitários, acumula pilhas de "pedras", mas constrói pouquíssimas ideias brilhantes. Não é à toa que eles perderam o prazer de aprender. A escola deixou de ser uma aventura agradável.

Eles precisam fazer muitas coisas para ter um pouco de prazer, o que gera personalidades flutuantes, instáveis, insatisfeitas. Temos uma indústria de lazer complexa. Deveríamos ter a geração de jovens mais felizes que já pisaram na Terra. Mas produzimos uma geração de insatisfeitos.

Vamos assistir passivamente à indústria dos antidepressivos e tranquilizantes se tornar uma das mais poderosas do século 21? Vamos observar passivamente nossos filhos serem vítimas do sistema social que criamos? O que fazer diante desse problema?

Devemos procurar soluções que ataquem diretamente o problema. Precisamos conhecer o funcionamento da mente e mudar alguns pilares da educação. As teorias não funcionam mais. Bons professores estão estressados, gerando alunos despreparados para a vida. Bons pais estão confusos, gerando filhos com conflitos.

Precisamos ser educadores muito acima da média se quisermos formar seres humanos inteligentes e felizes, capazes de sobreviver nessa sociedade estressante. A boa notícia é que pais ricos ou pobres, professores de escolas ricas ou carentes podem igualmente praticar os hábitos e técnicas propostos neste livro.

Lembre-se: um educador brilhante não é um ser humano perfeito, mas alguém que tem serenidade para se esvaziar e sensibilidade para aprender. Por isso, vou compartilhar os 7 hábitos dos pais e educadores fascinantes, que podem ajudá-lo a criar filhos e alunos brilhantes.

Não escrevo para heróis, mas para pessoas que sabem que educar é realizar a mais bela e complexa arte da inteligência.

Educar é acreditar na vida, mesmo que derramemos lágrimas.

Educar é ter esperança no futuro, mesmo que os jovens nos decepcionem no presente.

Educar é semear com sabedoria e colher com paciência.

Educar é ser um garimpeiro que procura os tesouros do coração.

UMA VIAGEM AO MUNDO DA EMOÇÃO

Você gosta de viajar?

Gostaria de convidá-lo para uma grande viagem.

Meu convite é para uma viagem para o mais complexo dos mundos, um mundo no qual frequentemente criamos problemas quando eles não existem, um mundo no qual não somos treinados a navegar adequadamente – o mundo da emoção.

Vamos falar sobre educação socioemocional e também sobre a mente humana. Em primeiro lugar, pergunto: você está estressado? Se estiver, você é normal. Infelizmente a espécie humana tomou o caminho errado. Somos a única espécie que pensa e tem consciência de que pensa em meio a mais de dez milhões de espécies, mas estamos em uma fase de falência psíquica, de falência emocional.

Para você ter uma ideia, 50% das pessoas, ou seja, uma em cada duas pessoas, cedo ou tarde desenvolverá um transtorno psiquiátrico. Espero que nem você nem seus filhos desenvolvam transtornos psíquicos, espero que utilizem bem as ferramentas com que nós trabalhamos.

Hoje 80% dos jovens apresentam sintomas de timidez e insegurança e mais de 90% deles apresentam sintomas de ansiedade e também sintomas psicossomáticos. Temos que nos perguntar o porquê disso.

Nunca na história da humanidade a juventude teve tantas oportunidades de viver o prazer. A indústria do lazer nunca foi tão poderosa.

Contudo, estamos diante das gerações de jovens mais tristes de todos os tempos.

Cedo ou tarde 1,4 bilhão de pessoas desenvolverá um transtorno depressivo, e a minoria, provavelmente menos de 1%, deverá se tratar. E a minoria da minoria terá a felicidade de encontrar um bom profissional de saúde mental, um psiquiatra ou psicólogo que não apenas prescreva medicamentos, mas principalmente treine o Eu do paciente para ser autor da própria história.

Estamos adoecendo coletivamente e quase nada estamos fazendo para prevenir transtornos emocionais, como depressão, fobias e ansiedade; transtornos alimentares, como bulimia, anorexia e vigorexia; e transtornos nas relações interpessoais.

Você convive bem com seus filhos? Constrói pontes adequadas com seu parceiro ou parceira? Como está a relação com os colegas de trabalho? Isso é muito importante.

> **As relações nunca estiveram tão doentes. Nunca o ser humano teve tamanha suscetibilidade emocional. Pequenos problemas causam enorme impacto, as pessoas não sabem lidar com contrariedades, perdas e frustrações.**

Memorize o seguinte: ninguém muda ninguém; nós temos o poder de piorar os outros, mas não de mudá-los. Você já tentou mudar uma pessoa teimosa? Parabéns! Você a transformou em uma pessoa superteimosa.

A melhor maneira de piorar um ser humano é tentar mudá-lo, especialmente elevando o tom de voz, pressionando, criticando, apontando falhas. Todas as vezes que atuamos dessa maneira, estimulamos um fenômeno inconsciente chamado registro automático da memória (RAM). O fenômeno RAM arquiva tudo, tanto o que você quer quanto o que você não quer. Se você detesta alguém, sinto muito, esse alguém vai dormir com você, vai perturbar seu sono e estragar seu apetite.

Todas as ferramentas que os seres humanos utilizaram ao longo da história para resolver problemas sociais e interpessoais na verdade pioraram esses problemas. Exclusão, negação, rejeição, ódio, raiva, sentimento de vingança, essas ferramentas estimulam o fenômeno RAM a arquivar experiências traumáticas que eu chamo de janelas killer.

Se alguém o ofendeu, caluniou ou injuriou e você quer bani-lo do teatro da sua vida, na verdade ele será arquivado no centro da sua memória como uma janela killer. Essa janela traumática (ou killer) tem o poder de encarcerar o Eu, ou seja, o Eu lê e relê continuamente tal janela, fazendo com que o personagem que queremos banir da nossa história se torne o ator principal no teatro da nossa mente. A tentativa de banimento dos estímulos estressantes faz com que estes se sedimentem, levando ao encarceramento psíquico. A escravidão não terminou, apenas mudou de endereço.

Os escravos do passado eram algemados por correntes de ferro. Hoje temos escravos do território da emoção, algemados por arquivos que controlam de dentro para fora sua maneira de ser e pensar.

A juventude mundial sofre de um déficit enorme na construção de relações interpessoais saudáveis. Os jovens não sabem lidar com perdas, contrariedades, dificuldades, crises, rejeições, sentimento de inferioridade. Não sabem lidar com uma frustração em uma prova, com uma humilhação pública, com um desafio interpessoal. Crianças e adolescentes estão despreparados para a vida adulta numa sociedade altamente complexa e exigente.

Vemos profissionais com 30, 40 anos de idade cuja idade emocional é de 15 anos; essas pessoas não assumem responsabilidade, querem que o mundo gravite na sua órbita. Tudo vai bem quando o céu é de brigadeiro; contudo, diante de uma crise, da necessidade de se reinventar para se adaptar a novos problemas, essas pessoas simplesmente não conseguem dar o melhor de si, não utilizam seu potencial para construir respostas inteligentes nas situações estressantes. Esses indivíduos são desprovidos de resiliência, de capacidade de reinvenção, capacidade de superação dos cárceres interiores, capacidade de fazer da vida um oásis mesmo quando o mundo desaba sobre eles.

O cultivo da inteligência socioemocional previne transtornos emocionais, desenvolve as relações interpessoais e também as funções não cognitivas. As funções cognitivas mais importantes são: memória, raciocínio, pensamento, percepção. Já as funções não cognitivas alicerçam a formação de mentes brilhantes ou opacas, emoções saudáveis ou emoções doentes.

A primeira função cognitiva a ser considerada é pensar antes de reagir. Uma pessoa é tanto mais madura não quanto mais reage, não quanto mais agride, não quanto mais é impulsiva, mas quanto mais pensa antes de reagir, quanto mais faz a oração dos sábios, ou seja, diante das situações estressantes, em vez de dar uma resposta impensada, ela se recolhe e se mostra fiel à sua consciência. Quem não é fiel à própria consciência tem uma dívida impagável consigo mesmo. Você deve desenvolver essa função não cognitiva com seus filhos, seus colegas de trabalho, seus alunos, seu parceiro.

Se você for ofendido, criticado, rejeitado, a principal resposta é não dar resposta. A principal resposta é pensar antes de reagir. É fazer oração dos sábios e bombardear a mente com perguntas:

- Quem me ofendeu?
- Por que me ofendeu?
- Em que circunstâncias me ofendeu?
- Devo gravitar na órbita do meu ofensor?

Quando recolhe suas armas e se interioriza, você desenvolve habilidade para não se acidentar nas relações interpessoais e não causar traumas nas pessoas ao seu redor.

Agora eu pergunto:

Você é especialista em pensar antes de reagir?

Quantas vezes você machucou as pessoas que mais ama?

Quantas vezes você deveria ter abraçado mais e julgado menos?

Quantas vezes você deveria ter apostado mais e excluído menos, mas não o fez?

Lembre-se do maior educador da história. Certa vez, pegaram uma mulher em flagrante adultério, arrastaram-na até a sala de aula ao ar livre do mestre e perguntaram-lhe qual era o seu veredito. Que resposta Jesus deu? Todos sabem a segunda resposta, muito inteligente: quem não tem erros e falhas que atire a primeira pedra.

Mas a primeira resposta de Jesus foi escrever na areia. Por quê? Porque ele não se submetia à ditadura da resposta. Jesus pensava antes de reagir. Ele tinha essa função não cognitiva muito bem desenvolvida, ele bombardeava sua memória com uma série de indagações para não ser escravo do que os outros pensavam e falavam e não se obrigava a reagir conforme a opinião ou controle alheios.

A multidão ficou impressionada com aquela atitude. Quando perguntaram pela segunda vez qual o veredito de Jesus, os agressores da mulher já estavam fora das janelas killer. O silêncio do mestre impactou a turba. Foi então que Jesus sintetizou o ápice da ciência política, da sociologia, da psicologia em sua resposta. Ele disse: tudo bem, podem cumprir a sentença, porém, tenham antes a coragem de mudar a base do julgamento. Tenham a coragem de mapear a história de vocês, tenham a coragem de encontrar seus fantasmas, tenham a coragem de, em vez de atirar pedras, olhar para as próprias mazelas e misérias.

Mas nós atiramos pedras.

> **Quando estamos no foco de tensão, somos incapazes de gerenciar a ansiedade para dar respostas inteligentes. Na sociedade moderna, reagimos por uma função não cognitiva doente chamada estímulo-resposta, o fenômeno bateu-levou. Reagimos sem controle nas situações estressantes.**

Isso acontece porque dois fenômenos entram em cena antes que o Eu atue. O Eu é o líder da produção de pensamento consciente – de ideias, pensamentos e reações de acordo com a vontade consciente. Como gestor da mente humana, o Eu é o agente consciente, mas não é só o Eu que produz pensamentos. Há dois fenômenos que atuam em milésimos de segundo: os gatilhos e as janelas da memória.

Por exemplo, quando uma pessoa tem claustrofobia, o Eu dela se programa: "Não vou ter medo quando entrar no elevador porque elevador é o meio de transporte mais seguro que existe". Ela entra no elevador, uma trepidação mínima detona o gatilho da memória, que abre uma janela killer. O volume de tensão da janela traumática bloqueia milhares de arquivos, milhares de janelas com milhões de dados, o Eu fica sem acesso, pois o circuito da memória é fechado. E a pessoa se desespera.

Foi o mesmo fenômeno que ocorreu com a multidão que queria apedrejar a mulher. O adultério detonou o gatilho, abriu uma janela killer que sequestrou a liberdade criativa da turba. Quando o maior educador da história falou: "Se algum de vocês estiver sem pecado, seja o primeiro a atirar pedra nela", os agressores saíram da janela killer, mapearam suas mazelas e misérias. Pensaram antes de agir.

Esse fenômeno ocorre com todas as pessoas a todo momento. O gatilho é detonado, abre uma janela killer, o circuito se fecha, e nosso Eu deixa de ser autor da própria história.

Somos vítimas dos nossos traumas, das nossas fobias, da nossa arrogância, da nossa impulsividade. Por isso até educadores brilhantes podem cometer atrocidades no microcosmo da sala de casa e da sala de aula.

Se você apontar a falha de uma pessoa difícil, ela vai ficar mais agressiva, mais tensa; o circuito da memória, o Eu dessa pessoa vai se fechar, ela vai deixar de ser *Homo sapiens* naquele momento e se tornará *Homo bios*, reagindo instintivamente. Então, a melhor política educacional é você exaltar, valorizar a pessoa, dizer: "Você tem capacidade, você é inteligente. Eu aposto em você. Você pode corrigir seu erro, pode reinventar sua história, pode reescrever os capítulos mais importantes". Quando você dá essa chance, é muito mais fácil ela dar um salto.

Quando não é possível agir assim, você obviamente tem que tomar atitudes adequadas. Entretanto, há um potencial enorme dentro de cada ser humano para reescrever a própria história; devemos trabalhar esse potencial, e, se a pessoa tiver um Eu minimamente maduro, terá grande chance de dar um salto sem precedentes.

Então, pensar antes de reagir é a primeira função não cognitiva. A segunda é administrar os pensamentos. A terceira função não cognitiva é proteger a emoção para causar menos acidentes e prevenir transtornos emocionais. Outra função não cognitiva muito importante é expor e não impor ideias, expor de maneira clara, mas nunca levantar o tom de voz, nem pressionar, caluniar e intimidar.

Muitos pais intimidam os filhos quando estes erram. Querem corrigir o comportamento e não a capacidade de pensar. Isso é um crime educacional. Por isso grande parte dos pais está perdendo os filhos na atualidade.

Seja sincero: você sente que às vezes perde o controle na relação com seus filhos? Acha difícil educá-los?

Não é fácil educar hoje em dia. As crianças de 7 anos de idade têm mais informações do que um imperador no auge da antiga Roma. Em um dia, uma criança de hoje registra mais informações via internet, televisão, games, celulares do que um imperador romano registrava em um mês.

O excesso de informações, mais o excesso de atividades, mais o excesso de celular, mais o excesso de TV e assim por diante estimulam não apenas o gatilho da memória, mas também um copiloto do Eu na aeronave mental chamado autofluxo. Esse copiloto lê a memória milhares de vezes sem autorização do Eu.

Você já parou para pensar no quanto nossa mente é altamente complexa? Nós criamos personagens, ambientes, circunstâncias em nossos pensamentos. Até enquanto dormimos. Quando você dorme, quantos personagens, ambientes, circunstâncias sua mente constrói nos sonhos? O Eu não está presente de maneira diretiva e crítica nos sonhos. Quem constrói os sonhos é o fenômeno do autofluxo, que tem uma capacidade plástica, uma liberdade criativa imensa.

> **Quando não temos problemas, nós os criamos. Quando não há nada nos perturbando, criamos turbulências.**
>
> **Os maiores inimigos não estão fora de nós. Quer uma prova disso? Então responda:**
>
> **Você sofre por antecipação?**

Por que nós sofremos por antecipação? Porque, antes do Eu, o autofluxo vai lendo os arquivos, se ancora nas janelas traumáticas e ali desenvolve uma série de construções altamente sofisticadas.

Nós podemos e devemos ser gestores da nossa mente, o que é vital para termos saúde emocional, para termos uma mente brilhante, criativa, produtiva e proativa. Porém, se o nosso Eu não tiver consciência dos atores coadjuvantes e inconscientes nos bastidores da mente, é muito fácil ser escravo da mente.

É por isso que 80% das crianças apresentam sintomas de timidez e insegurança. Elas parecem muito desenvoltas diante dos pais (e às vezes dos professores), reivindicam, falam, são autoritárias. Porém, quando colocadas em uma situação nova, calam-se. Quando, por exemplo, você pede para que falem com alguém que não conhecem, elas travam. Quando você pede proatividade, falta-lhes coragem, empreendedorismo.

No passado, acreditava-se que trabalho físico excessivo era o grande vilão da qualidade de vida. Hoje sabemos que trabalho intelectual exagerado e não gerenciado é o maior vilão da qualidade de vida em todos os aspectos, seja em termos de saúde emocional, seja para a sustentabilidade das

relações interpessoais, seja para as relações do trabalho, seja para a criatividade.

Pensar é bom, pensar com consciência crítica é ótimo. Pensar demais é uma bomba para a saúde psíquica. Grande parte da população mundial sofre da Síndrome do Pensamento Acelerado (SPA). Não gerimos os pensamentos, e nossa mente opera em ritmo alucinante. A SPA também afeta os jovens. Estamos destruindo a infância e a adolescência no mundo todo. Trabalho intelectual escravo.

A mente não para de pensar, e as pessoas sofrem com os sintomas da SPA.

Você acorda cansado? Tem dor de cabeça? Dores musculares? Irritabilidade? Tem dificuldade em conviver com pessoas lentas?

Estamos acelerados e queremos que todo mundo siga nesse ritmo. Quando alguém não consegue acompanhar nosso raciocínio, nos estressamos. Mas temos que entender que cada pessoa tem seu ritmo, tem seu modo operante.

Outro sintoma da SPA é o déficit de memória e esquecimento. Você já esqueceu onde estacionou-o carro? Não procure um médico para esse esquecimento corriqueiro. Sabe por quê? Porque ele também está esquecido. Déficit de memória corriqueiro é reflexo de um cérebro esgotado pela hiperconstrução de pensamentos. Como o Eu não exerce a função não cognitiva de gestor da mente humana, o cérebro desliga arquivos, restringe o acesso às janelas da memória, e esquecemos de milhares de pequenas coisas durante o dia.

O déficit de memória, embora tenha algumas consequências, não é o problema que se imagina. Ele é uma proteção do cérebro quando o Eu não assume o papel de líder do teatro da mente humana, de ator principal, de gestor psíquico.

O Eu representa a vontade consciente, a consciência crítica, a capacidade de escolha. Um Eu imaturo não é líder de si mesmo, pois não tem consciência de que deve dar um choque de lucidez em cada pensamento perturbador, deve desacelerar os pensamentos, deve opor-se a fantasias e preocupações, deve proteger a emoção.

Quando o Eu não tem consciência de seu papel, ele se torna um mero executor de tarefas. É como dirigir um carro e não entender nada do motor. O Eu dirige a mente, mas não entende nada dos seus traumas, dos problemas, dos conflitos. Não sabe que deve dar um choque de lucidez em experiências fóbicas, que deve conversar com os seus fantasmas.

Não há vampiros fora de nós; há pessoas que nos perturbam, nos machucam, mas os vampiros estão dentro de nós. Toda vez que sofremos por antecipação vampirizamos nossa alegria, nosso prazer. Toda vez que ruminamos o passado e desenvolvemos sentimento de culpa, raiva e vingança vampirizamos nossa tranquilidade. Toda vez que nos tornamos máquinas de trabalhar e não contemplamos o belo, não fazemos das pequenas coisas um espetáculo aos olhos, vampirizamos o prazer de viver.

Criamos muitos fantasmas ao longo da vida, e é quase surpreendente não fazermos uma higiene mental. Não desenvolvemos um diálogo com esses fantasmas, com essas fobias, com esses traumas, com esses conflitos. E deveríamos conversar com eles.

Para executar a higiene mental, crianças, adolescentes e adultos deveriam executar a técnica do D.C.D. todos os dias. D.C.D. significa duvidar, criticar e determinar. A dúvida é o princípio da sabedoria na filosofia. A crítica é o princípio da sabedoria na psicologia. E a determinação estratégica é o princípio da sabedoria na área de recursos humanos.

Duvidar do quê? De tudo aquilo que me controla e é doente. Duvidar das falsas crenças de que eu não consigo, de que eu não sou bonito, de que eu não sou inteligente, de que eu não posso encantar as pessoas, de que eu não tenho condições de me reinventar para superar meus problemas. Quantas falsas crenças nós temos? Muitas.

Fobias são falsas crenças. O medo de falar em público, por exemplo, é uma fobia social. A pessoa vai começar a falar e tem taquicardia porque entra numa janela killer. A janela killer sequestra o Eu e trava o raciocínio, as ideias, a segurança, o pensamento esquemático. A fobia social se tornou uma falsa crença, a pessoa não consegue ter liberdade criativa, ela registra repetidas vezes a experiência traumática, expandindo a janela killer, tornando-a um núcleo doente de habitação do Eu; assim o trauma é retroalimentado.

O Eu da pessoa que tem medo de falar em público precisa aprender a duvidar da falsa crença, duvidar no silêncio de sua mente de que não consegue falar suas ideias com segurança. Precisa criticar a insegurança, criticar o medo que sente do que os outros pensam e falam dela, criticar a necessidade ansiosa de vender a própria paz em função da opinião alheia. Precisa determinar estrategicamente ser forte, segura, protagonista da própria história.

> **Quando uma criança, um adolescente, um adulto faz uma higiene mental diária no silêncio da sua mente, sem ninguém ver, de acordo com a própria capacidade e cultura, mesmo com limitações, registra uma janela de memória light, uma janela saudável que ilumina e liberta o Eu, que traz segurança, criatividade, ousadia. Aí vai reeditando as janelas killer, formando novos bairros no teatro da personalidade. É revolucionário.**

Em que escola se ensina isso? Em que faculdade psicologia os alunos são treinados e equipados para prevenir transtornos emocionais? Em que escola se estuda as ferramentas básicas para o Eu ser autor da própria história? Em nenhuma! Estamos no tempo da pedra no que diz respeito à prevenção de transtornos emocionais, ao Eu ser o autor da própria história, ao

Eu reeditar o filme do inconsciente, ao Eu dar um choque de lucidez nos fantasmas mentais.

Fazemos higiene bucal a cada 4, 6 horas. Tomamos banho uma vez por dia. Deveríamos fazer a higiene mental da mesma forma.

Assim como aprendem matemática, química, física, biologia e geografia, crianças e adolescentes precisam aprender sobre inteligência socioemocional para resgatar a autoestima e a autoconfiança e descaracterizar as falsas crenças. A inteligência socioemocional liberta o imaginário, estimula o ser humano a ser autor da própria história, melhora a concentração, o rendimento intelectual, as ferramentas cognitivas, o potencial para a construção de novas ideias. Infelizmente, isso não tem ocorrido. Se você tem sintomas da Síndrome do Pensamento Acelerado, imagine seus filhos.

Você deve conhecer um criança ou adolescente que fica cinco minutos sem atividade e já reclama: "Não tenho nada para

fazer". Você já ouviu essa frase? Isso acontece porque os jovens não sabem ficar sós, não sabem o que fazer com a solidão.

A solidão é importante. É o momento em que você se interioriza para produzir, para ir mais longe, para encontrar respostas nunca antes produzidas. Para os jovens, a solidão é um caos.

Com inteligência socioemocional, os jovens podem usar os recursos internos para não ter medo dos medos, para enfrentar suas angústias e conflitos, para escrever capítulos nobres nos momentos mais difíceis de sua história e para dar um choque de lucidez nos fantasmas do medo. Há muitos tipos de medo. Medo genérico. Medo de cachorro; o cachorro é o melhor amigo do homem, porém, quando criamos um monstro em relação a esse animal, ele se torna o pior inimigo. Medo do escuro. Medo do cartão de crédito – quanto a isso é bom tomar cuidado, pois projetar o alívio da ansiedade no consumo é arquivar mais janelas killer, gerando mais sentimento de culpa e insatisfação, que geram mais compras.

Você conhece algum casal que briga o tempo todo e não se separa? Quase todos nós conhecemos. Não apenas drogas viciam, comportamentos viciam, atritos viciam. Por isso 80% dos casais perdem o romance nos primeiros dez anos. Mesmo que não se separem, perdem o afeto, o carinho. Não dão mais risada das suas tolices. Não brincam mais, levam a vida a ferro e fogo, fazem do convívio uma fonte de atritos.

A relação de pais e filhos deveria ser calma, branda. Ao ver um filho errar, o pai deveria falar: "Filho, eu aposto em você". Deveria elogiar primeiro para depois criticar. Mas nós fazemos o contrário no mundo todo. Erramos, traumatizamos mesmo tentando acertar. Os pais humilham, criticam, apontam o erro, comparam e até sentenciam: "Você não tem jeito". Professores fazem o mesmo na sala de aula.

Temos que mudar o status quo das relações interpessoais. Pais e filhos, casais, colegas de trabalho vivem pelo fenômeno bateu-levou, escravos da síndrome do circuito fechado da memória.

Precisamos entender que nosso Eu tem que proteger a emoção e gerenciar os pensamentos, coisas que não fazemos porque vivemos numa sociedade superficial. Voltamos nossa mente para o mundo de fora, não para o mundo de dentro. Conhecemos o pequeno átomo nesse imenso espaço, até planetas em que nunca pisaremos, mas não conhecemos o planeta psíquico, nem entendemos como reeditar as janelas da memória.

É muito fácil traumatizar, mais do que imaginávamos no passado. Ao contrário do que Freud acreditava, não são apenas os traumas nos primeiros sete anos de vida que desenvolvem doenças no futuro. Mesmo com uma infância feliz e uma adolescência saudável, um adulto que passe por crises, perdas, frustrações, pressão no trabalho e não proteja emoção pode adoecer.

Uma das ferramentas para proteger a emoção é não ser um agiota da emoção. Um agiota da emoção é como um agiota financeiro. O agiota financeiro cobra juros altos pelos empréstimos. Os agiotas da emoção também – são os pais que se doam, os maridos e esposas que se doam, os professores que se doam, os irmãos que se doam, os amigos que se doam, mas cobram uma elevada fatura.

Outra ferramenta é não cobrar excessivamente de si mesmo. Quando nos cobramos demais, aumentamos os níveis de exigência para nos sentirmos felizes, realizados e relaxados. Isso é muito sério. É por isso que celebridades, multimilionários e intelectuais brilhantes às vezes são miseráveis morando em palácios. Vivem de migalhas de prazer, mesmo sendo bem-sucedidos.

Uma pessoa feliz é uma pessoa que aprende a proteger a emoção. A felicidade não é um

dom genético nem privilégio de uma casta ou de pessoas abastadas. A felicidade é um dom de pessoas que intuitiva ou sistematicamente operam ferramentas notáveis.

Mais uma ferramenta para proteger a emoção é entender que por trás de uma pessoa que fere há uma pessoa ferida, ninguém machuca o outro se primeiramente não foi machucado. Quando dá descontos, você pode não mudar o outro, mas você se recicla, a vida fica mais suave. Cedo ou tarde haverá frustrações e decepções nos relacionamentos. Você será frustrado e também frustrará o outro. Não existem pessoas perfeitas. Por isso a tolerância é um fator fundamental para a proteção emocional.

Entretanto, estamos vivendo na era da intolerância. Crianças e adolescentes que deveriam ser muito tolerantes não suportam uma mínima crítica. Não suportam um não, não suportam uma perda, não sabem o que fazer com suas lágrimas. Serão adultos completamente despreparados para os desafios da vida.

Uma outra ferramenta importante para proteger a emoção é saber que os fortes perdoam, os fracos excluem. O perdão não é um ato heroico, o perdão é um ato nobre da inteligência, não é questão de perdoar por perdoar. Eu só perdoo quem eu compreendo. É preciso compreender o que está por trás da cortina de quem fere. Quem me ofendeu, me ofendeu por quê, que história ele teve? Esse exercício intelectual me protege porque eu não vendo a minha paz em função do outro.

Não compre aquilo que não lhe pertence.

Não compre as ofensas que você não causou, não compre as injustiças que você não produziu. Não compre os conflitos que você não cultivou. Não compre a arrogância alheia, ainda que dirigida a você. Não compre as calúnias e decepções

alheias, ainda que tenham você com alvo.

Não compre.

O Eu não deve pagar caro por aquilo que não gerou.

O Eu tem que ser um bom gestor emocional, mas infelizmente ele não é. Nossa espécie está doente no mundo todo; um pequeno olhar atravessado estraga o dia, uma crítica é capaz de estragar a semana, o mês. Uma traição destrói uma vida.

Veja quantos casais sofrem por causa de ciúmes. Toda pessoa que sente ciúme excessivo se apequenou, já perdeu. Perdeu a autoestima, a segurança, a suavidade da vida. Distanciou-se de si, deixou de ter um caso de amor consigo para comprar o comportamento do outro. Vive em função do outro. O problema é que, quando cobramos a atenção do outro, quando tentamos controlar o outro, nós perdemos o autocontrole, vendemos nossa paz por um preço vil. Se isso acontece com adultos, imagine com a juventude.

Os jovens são altamente ciumentos e inseguros. Passam o dia conectados no celular, quando mandam mensagens e os amigos não respondem, se estressam e registram uma janela killer. Aos poucos vem uma necessidade neurótica de retorno. Eles só são felizes quando têm muito retorno e consolidam dentro de si uma necessidade ansiosa de que o mundo gravite na sua órbita.

As janelas traumáticas também estão controlando a autoestima e a autoimagem dos jovens, presos a padrões de beleza tirânicos. O que tem que mudar primeiro? A autoestima ou a autoimagem? A autoimagem, a maneira como você se interpreta, se posiciona, se enxerga. As pessoas querem se sentir belas, importantes, proativas; elas tentam, mas chafurdam na lama do continuísmo, no cárcere da rotina.

Se aplicarem a técnica do D.C.D. – Duvidar, Criticar e Determinar – todos os dias, elas vão mudar sua autoimagem. Sendo autoras da própria história, consequentemente vão mudar a base da autoestima e vão entender que a beleza está nos olhos de quem vê.

Precisamos cuidar da juventude. Crianças e adolescentes precisam ser autônomos. Conforme Paulo Freire, precisam ter prazer em aprender, conforme Platão, precisam ter um ego lúcido e crítico. Segundo Freud, precisam ser livres, ter o direito de escolher. Sartre imaginava que precisam ser autores da própria história.

COMO EDUCAR FILHOS E ALUNOS NA ERA DA ANSIEDADE

A tarefa de educar nunca foi tão árdua e complexa como na atualidade. Queremos dar o melhor para nossas crianças e jovens, mas frequentemente falhamos. Procuramos dar os melhores brinquedos, roupas, passeios, escola. Alguns pais se preocupam em proporcionar atividades para os filhos, matriculando-os em cursos de inglês, computação e música. Colocam uma televisão na sala e um computador no quarto, tentam fazer muito, mas falham sem perceber.

Eu gostaria que você nunca se sentisse apequenado, educar, formar um ser humano a partir dos primeiros anos de vida é uma tarefa mais difícil do que dirigir uma cidade, um estado ou um país. Nossas crianças precisam inventar, correr riscos, frustrar-se, ter tempo para brincar e se encantar com a vida. A criatividade, a felicidade, a ousadia e a segurança do adulto dependem das matrizes da memória da infância e adolescência.

> **A televisão, os brinquedos manufaturados, a internet, o excesso de atividade e de informações podem se tornar um obstáculo para o desenvolvimento das habilidades mais importantes dos nossos filhos e alunos. Criamos um mundo artificial para os jovens e as crianças e pagamos um preço caríssimo, eles têm tempo para tudo, mas não têm tempo para ter infância, não têm tempo para se aventurar.**

Tenho dito que estamos assistindo ao assassinato coletivo da infância das crianças e da aventura dos jovens. O excesso de atividade, o excesso de compromisso, o excesso de informação conspiram contra a leveza, contra a suavidade e contra a viagem para dentro de si mesmo, para se interiorizar e trabalhar perdas e frustrações, desenvolver autonomia, ser autor da própria história. Estamos nos estressando rápida, intensa e coletivamente. Estamos na era do consumo, na era da ansiedade, da hiperestimulação e deveríamos estar na era do Eu como gestor da mente humana, na era do Eu que representa a capacidade de escolha, a consciência crítica e a autodeterminação para proteger a emoção e prevenir transtornos psíquicos.

Seu filho não sai da frente do computador? Não larga o smartphone? Joga videogames com frequência? Às vezes exige que você dê produtos como roupas, tênis e aparelhos digitais? Ele precisa aprender a gerenciar o consumismo e, em destaque, gerenciar sua emoção e seus pensamentos para que não tenha uma ansiedade atroz, para que tenha mais chance de ser feliz nessa sociedade estressante. Para que tenha mais possibilidade de ter uma mente saudável, uma emoção tranquila nessa sociedade altamente consumista.

No passado, o volume de informações dobrava a cada dois ou três séculos, hoje dobra a cada ano. O excesso de informações, de estímulos, o uso de smartphones e videogames saturam a memória de uso contínuo (MUC), gerando um trabalho intelectual escravo. Crianças e adolescentes têm tempo para tudo, mas não têm tempo para eles mesmos. Para elaborar experiências, trabalhar perdas, fazer de cada dor, de cada angústia, de cada rejeição, crise ou limitação o momento único para desenvolver janelas light ou arquivos inteligentes para que o Eu se torne autor da própria história.

> **É fundamental que os pais não deem presentes e roupas em excesso aos filhos nem os coloquem em múltiplas atividades. É fundamental que conquistem o território da emoção e saibam transferir o capital das suas experiências.**

Tenho dito que estamos na era dos mendigos emocionais. Os pais que dão presentes e estímulos em excesso viciam o córtex cerebral dos filhos, que então precisam de muito para sentir pouco. Isso é muito grave. Na escola a situação é pior ainda, professores e alunos vivem juntos durante anos dentro do microcosmo da sala de aluna, mas são estranhos uns para os outros, escondem-se atrás dos livros, do giz, da lousa ou de computadores. Mas nós precisamos gerar janelas light, arquivos inteligentes para que o Eu que representa a capacidade de escolha, a autonomia, a consciência crítica saiba ser líder de si mesmo.

Quem não é líder da própria mente nunca o será no teatro social. Crianças e jovens precisam aprender a ser protagonistas da própria história, se não serão escravos vivendo em sociedades livres. Portanto, pai e professor, meu sonho e minha meta são que você possa brilhar no teatro social, em destaque no teatro da emoção dos seus filhos e alunos.

PAIS BRILHANTES DÃO O QUE O DINHEIRO NÃO PODE COMPRAR

Bons pais dão presentes, pais brilhantes dão seu próprio ser. Esse primeiro hábito dos pais brilhantes contribui para desenvolver em seus filhos a autoestima, a proteção emocional, a capacidade de trabalhar perdas e frustrações, de filtrar estímulos estressantes, de dialogar e de ouvir.

Vamos entender as diferenças desse hábito que podem transformar bons pais em pais brilhantes. Bons pais atendem dentro das suas condições os desejos dos filhos, fazem festas de aniversário, compram tênis ou roupas, produtos eletrônicos, proporcionam viagens, mas pais brilhantes dão algo incomparavelmente mais valioso aos filhos, algo que todo dinheiro do mundo não pode comprar: o seu ser, a sua história, as suas experiências, as suas lágrimas e o seu tempo.

Quando têm condições, pais brilhantes dão presentes materiais para seus filhos, mas não os estimulam a ser consumistas, pois sabem que o consumismo pode esmagar a estabilidade emocional, gerar tensão e prazeres superficiais. O consumismo provoca altos níveis de ansiedade.

> **Os pais que vivem em função de dar presentes para os filhos são lembrados por um momento, os pais que se preocupam em dar sua história para os filhos se tornam inesquecíveis. Mas como fazer isso?**

Tenha coragem de falar sobre os dias mais tristes de sua vida com seus filhos, tenha a ousadia de contar as dificuldades do passado, fale de suas aventuras, dos seus sonhos e dos momentos mais alegres de sua existência. Humanize-se, transforme a relação com seus filhos em uma aventura, tenha consciência de que educar é penetrar no mundo de quem você ama.

Por que é fundamental para a formação da personalidade dos filhos que os pais se deixem conhecer? Porque essa é a única maneira de educar a emoção e criar vínculos sólidos e profundos. O que gera vínculos inconscientes não é o que você diz, mas como você se comporta. Seus filhos registram seus comportamentos, arquivam todas as suas condutas na memória.

Muitos pais falam coisas maravilhosas para as suas crianças e adolescentes, mas têm péssimas reações na frente deles, em destaque nos focos de tensão, mostrando-se intolerantes, agressivos, impulsivos, parciais, dissimuladores, ansiosos. Com o tempo cria-se um abismo emocional entre pais e filhos porque janelas killer (ou traumáticas) são registradas no solo da memória deles. Pouco afeto e muitos atritos e críticas transformam a relação em um caos, em um inferno emocional. Seja o exemplo, deixe-se conhecer, deseje que seus filhos criem vínculos profundos com a sua história.

> **Tudo que seu filho vê de você é registrado, e nada pode ser deletado, apenas reeditado.**

A emoção vai definir a qualidade dos registros, das memórias. Todas as experiências de alto volume emocional – angústia, dores, frustrações, amor, ódio, alegria – provocam um registro intenso. Podemos formar janelas saudáveis (light) ou janelas doentias (killer). Nossas agressividades, rejeições e atitudes impensadas podem provocar um alto volume de tensão no território da emoção de nossos filhos e também de nossos alunos, gerando cicatrizes para sempre.

Não é possível deletar a memória, só é possível reeditá-la, introduzir novas experiências nos locais doentios. Nesse sentido, quero falar sobre o perdão. Se você errou com seu filho, é insuficiente ser dócil com ele no segundo momento. Pior ainda, não tente compensar sua agressividade comprando presentes, pois você forma janelas traumáticas; desse modo, ele o manipulará e não o amará. Você só reparará sua atitude, só reeditará o filme do inconsciente se penetrar no mundo dele, se reconhecer seu exagero, se falar com ele sobre sua atitude, se tiver coragem de pedir desculpas.

Pais brilhantes não têm medo de reconhecer suas mazelas,

suas atitudes inadequadas e por vezes tolas porque com isso ensinam seus filhos a reconhecer os próprios erros e transformá-los em nutrientes para desenvolver a sabedoria.

Quantos pais reconhecem seus erros? Poucos. Infelizmente os pais se escondem atrás da autoridade. Deixe que seu filho o conheça como um ser humano real, de carne e osso, com defeitos e dificuldades, assim você vai transferir aquilo que o dinheiro não pode comprar – o capital das experiências. É desse modo que mudaremos a educação da era da informação, do bombardeamento de dados e do consumismo para a era do Eu como gestor da mente humana. Isso muda tudo na formação da personalidade. Se fizermos isso, se transferirmos o capital das experiências, nossos presídios se tornarão museus, os policiais terão tempo para ser artistas plásticos porque haverá muito menos crimes, os hospitais psiquiátricos terão muito menos pessoas doentes.

Pense nisso.

Sabe o que acontecerá se você transferir de maneira mais inteligente as suas experiências? Seus filhos se apaixonarão por você. Não pelo dinheiro que você tem, nem pelos gritos que você dá, nem pelas broncas que você profere, mas porque você é um ser humano grande que se fez pequeno para torná-los grandes. Porque você aprendeu a falar das suas lágrimas para que seu filho aprendesse a chorar as dele. Isso faz toda diferença no processo de desenvolvimento de uma emoção madura e de um Eu que é capaz de dirigir o script da sua história nos focos de tensão.

De vez em quando chame um de seus filhos para almoçar ou fazer um programa diferente com ele, só vocês dois. Diga o quanto ele é importante para você, pergunte como está a vida, pergunte quais são seus pesadelos, seus sonhos, suas crises, se ele tem sofrido bullying, se tem passado pelo vales do estresse, se algum medo ou fobia o tem controlado. Deixe seus filhos participar da sua vida permitindo que eles falem sobre a vida deles para você.

Nenhuma técnica psicológica ou educacional funcionará se o amor inteligente não prevalecer – não apenas o amor emoção, pois quem ama apenas com a emoção está fadado ao fracasso. Tem que ser um amor inteligente, um amor com o qual trocamos experiências, penetramos em camadas mais profundas dos nossos filhos. Um amor com o qual ouvimos o que eles têm a dizer e somos capazes de falar do nosso próprio script, daquilo que nos é mais importante.

Se os pais do mundo todo de vez em quando falassem dos seus fracassos para que seus filhos entendessem que ninguém é digno do pódio se não utilizar as derrotas para alcançá-lo, teríamos uma nova relação, um novo paradigma no processo educacional e na formação de mentes brilhantes.

PAIS BRILHANTES CUIDAM DA DIETA EMOCIONAL DOS FILHOS

Bons pais nutrem o corpo, pais brilhantes nutrem a personalidade dos filhos. Esse hábito contribui para desenvolver a reflexão, a segurança, a liderança, a coragem, o otimismo, a superação do medo, a prevenção de conflitos emocionais.

Vamos entender melhor esse processo. Bons pais cuidam da nutrição física dos filhos, estimulam uma boa dieta com alimentos saudáveis, mas pais brilhantes estimulam seus filhos a terem uma excelente dieta emocional.

Antigamente uma família estruturada era uma garantia de que os filhos desenvolveriam uma personalidade saudável. Hoje bons pais estão produzindo filhos ansiosos, alienados, autoritários, angustiados, consumistas. Por que pais inteligentes e saudáveis têm assistido a seus filhos adoecer? Porque a sociedade se tornou uma fábrica de estresse, uma fonte de janelas traumáticas. Não temos controle sobre o processo de formação da personalidade dos nossos filhos, nunca tivemos, hoje, menos ainda.

Prepare seus filhos para sobreviver nas águas turbulentas da emoção e desenvolver a capacidade crítica de pensar. Só assim poderão ser autônomos, filtrar os estímulos estressantes. Só assim serão livres para escolher e decidir.

> **Os pais que não ensinam os filhos a ter visão crítica, por exemplo, dos comerciais e programas de TV que colocam modelos esquálidas e desnutridas como um padrão tirânico de beleza, não os estimulam a ter uma excelente dieta emocional.**

Os pais também devem estimular os filhos a entender os graves problemas que a discriminação pode trazer, inclusive o bullying. Devem ensiná-los tanto a não ferir seus pares quanto a não gravitar na órbita do que os outros pensam e fazem; assim terão mais proteção emocional, uma dieta emocional mais inteligente.

Ajude seus filhos a não ser escravos dos problemas, alimente o anfiteatro dos pensamentos e o território da emoção deles com coragem e ousadia, ou seja, com a capacidade de se reinventar. Não se conforme se eles forem tímidos e inseguros, ninguém é obrigado a ser um encarcerado no território da emoção, a ter medo do que os outros pensam e falam, a viver em função do futuro, a sofrer por antecipação. Seus filhos podem e devem ter uma mente livre, por isso a educação tem de ser inteligente, tem de formar mentes brilhantes com emoção saudável.

> **Que educação é essa que fala sobre o mundo em que estamos e se cala sobre o mundo que somos?**

Queremos preparar nossos filhos para serem autônomos, livres, saudáveis, inventivos, mas a educação comum e recorrente no mundo todo não estimula os pais a dar o melhor de si para que os filhos tenham segurança, para que critiquem os pensamentos pessimistas e mórbidos, para que reciclem o medo da crítica alheia, para que se tornem protagonistas da própria história. Por isso, mais uma vez digo: transfira o capital das suas experiências para que seus filhos possam desenvolver a capacidade de escrever os capítulos mais importantes da sua história nos momentos mais difíceis da sua vida.

Você tem que perguntar para seu filho:

- Você precisa de mim?
- Onde eu errei e não soube?
- Quais os fantasmas o assombram?
- Que tipo de medo o sequestra?

Você tem que perguntar se eles já sofreram algum tipo de constrangimento na escola, se algum adulto disse palavras ou teve atitudes que abusivas que machucaram ou feriram. Não tenha medo de penetrar em camadas mais profundas do território da emoção, pois os estímulos estressantes podem estar dentro deles em um lugar pernicioso, dramático e destrutivo.

De que adianta você cuidar diariamente da nutrição de bilhões de células dos seus filhos se descuidar da nutrição psicológica? De que adianta eles terem um corpo saudável se forem infelizes, instáveis, se pequenos problemas os perturbarem com frequência? Se fugirem dos problemas, se tiverem medo das críticas, se não souberem sequer ouvir um não, se entrarem em estado de estresse agudo? Ou seja, se não tiverem proteção emocional, de que adianta não se machucarem fisicamente?

Quando você nutre adequadamente a personalidade dos seus filhos, mesmo que eles tenham algum tipo de ansiedade momentânea, mesmo que rebatam o seu comportamento, você coloca limites com seriedade. E limites devem ser colocados com inteligência e generosidade.

Não devemos ser manipulados pelos filhos, passíveis de chantagem, de argumentos com os quais eles comparam: "Meus colegas têm e eu não", "Os pais dos meus amigos fazem isso ou aquilo por eles, mas vocês não fazem por mim". Não ceda à chantagem dos seus filhos. Na verdade, esse comportamento deles pode ser saudável se você aprender a desenvolver ferramentas adequadas para educá-los, pois eles têm que aprender a negociar. Então você dá liberdade, mas com limites. Porque não existe liberdade sem limite. Assim, pouco a pouco, você construirá janelas light para que seus filhos aprendam a ser protagonistas da própria história.

Se você é especialista em reclamar, é temeroso, tímido, manifesta angústia em relação ao que não aconteceu e preocupação excessiva com doença, se você fica paralisado quando as pessoas o desafiam ou contrariam, você não está nutrindo a personalidade de seus filhos com janelas light. Reclamar muito, ser pessimista e excessivamente preocupado com doenças são comportamentos que formam janelas traumáticas nos filhos.

Sem que você perceba, seu filho está filmando-o todos os dias. Não é o que você diz diretamente para ele que constitui a maior fonte de influência no processo da formação da personalidade, é aquilo que você expressa espontaneamente que de fato influencia os pilares mais importantes do intelecto e da emoção dele.

PAIS BRILHANTES PREPARAM OS FILHOS PARA AS DERROTAS

Bons pais preparam os filhos para receber aplausos, pais brilhantes preparam os filhos para enfrentar as derrotas. Bons pais educam a inteligência lógica dos filhos, pais brilhantes educam a sensibilidade dos filhos. Estimule seus filhos a ter metas, a procurar o sucesso no estudo, no trabalho, nas relações sociais, mas não pare por aí.

Ensine-os a não ter medo dos fracassos. Não há pódio sem derrotas, nem sucesso sem crises. A perseverança é tão importante quanto a habilidade intelectual. Muitos não sobem no pódio não porque não tenham capacidade, mas porque não sabem superar os fracassos do caminho. A vida é uma longa estrada com curvas imprevisíveis e derrapagens inevitáveis.

Pais brilhantes se colocam como modelos para uma vida vitoriosa. Para eles, ter sucesso não é ter uma vida infalível, vencer não é acertar sempre, por isso, são capazes de dizer aos filhos: "Eu errei, me desculpe", "Eu preciso de você". Eles são fortes nas convicções, mas flexíveis para admitir suas fragilidades.

Pais que não têm coragem de reconhecer seus erros nunca ensinarão os filhos a enfrentar os próprios erros e a crescer com eles.

> **Viver é um contrato de risco. Os jovens precisam viver esse contrato apreciando os desafios e não fugindo deles. Se eles se intimidarem diante das derrotas, crises e dificuldades, registrarão em sua mente experiências que financiarão complexo de inferioridade, baixa autoestima, sentimento de incapacidade e sensação de culpa.**

PAIS BRILHANTES ESTIMULAM O DIÁLOGO

Para educar os filhos é preciso dialogar. Temos que dizer o que está sequestrado dentro de nós e também escutar não o que queremos e sim o que nossos filhos têm para dizer. Muitos pais não conseguem estabelecer um diálogo porque têm medo de ouvir o que os filhos têm para falar. Não cometa esse erro.

Bons pais conversam coisas triviais, pais brilhantes dialogam, falam aquilo que está nos solos do território da emoção, o segredo da sua história existencial. Conversar é falar sobre o mundo que nos cerca, dialogar é falar sobre o mundo que somos. Dialogar é contar experiências, segredar o que está oculto e o que não temos coragem de dizer.

Claro que você não precisa contar tudo para os filhos, mas, tenha certeza, suas crises e dificuldades podem ser um instrumento vital para formar janelas light, para que o Eu de seus filhos seja resiliente, seguro, forte, capaz de suportar contrariedades e escrever os capítulos mais importantes quando eles passam pelos vales do estresse e da ansiedade.

Devemos cultivar o hábito de nos reunir pelo menos uma vez por semana com os nossos filhos. Durante o jantar ou almoço, por exemplo, abrir a pauta para que eles falem de suas inquietações e dificuldades, às vezes das dificuldades que têm conosco. Os pais devem construir uma agenda inteligente para que a família deixe de ser um grupo de estranhos e se torne um grupo de parceiros, de colaboradores que trabalham para que cada membro seja realizado, feliz e saudável.

Se os pais nunca contarem seus sonhos e também seus pesadelos mais importantes, como os filhos aprenderão a sonhar e a lidar com as intempéries da vida?

Se nunca ouvirem dos pais as maiores alegrias e decepções, como os filhos aprenderão a ter resiliência, segurança, capacidade de

transformar momentos tristes em maturidade, em crescimento, em ousadia?

A família moderna está doente porque respiramos o mesmo ar, nos alimentamos dos mesmos nutrientes, mas não sabemos trocar experiências de vida, nos nutrir com alimentos solenes que fazem da vida um espetáculo único e imperdível e não um espetáculo de estresse.

Muitos jovens são agressivos e rebeldes e seus pais não percebem que eles estão gritando por meio dos conflitos. Os comportamentos inadequados muitas vezes são clamores pela presença, pelo carinho, pela atenção dos pais, pelo diálogo. Muitos sintomas psicossomáticos, como dores de cabeça ou dores abdominais, também são gritos silenciosos dos filhos, clamando: "Por favor, pais, me ouçam".

Desligue a televisão uma vez por semana e converse com seus filhos. Não desligue apenas a TV, desligue o smartphone também, porque é quase inacreditável que pais e filhos estejam diante uns dos outros, mas conectados com o celular, não com a emoção uns dos outros. Estão próximos e infinitamente distantes, são estranhos.

O diálogo está morrendo. Há mães que mandam mensagens via celular para os filhos quando estão todos em casa. Irmãos estão um na frente um do outro e, em vez de dialogar, de falar de seus problemas, suas aventuras e seus sonhos, mandam mensagens curtas. Conectam-se digitalmente, mas não sabem se conectar emocionalmente.

Desligue o celular e a televisão uma vez por semana. Reserve meia hora para brindar à inteligência socioemocional, para se conectar com seus filhos, para que vocês falem aquilo que talvez não tenham tido coragem de falar até hoje. Para que vocês tenham liberdade inclusive de transformar lágrimas em sabedoria, perdas em ganhos, crises em oportunidades únicas. Para desenvolver maturidade.

PAIS BRILHANTES CONTAM HISTÓRIAS

Abraçar, beijar e falar espontaneamente com os filhos promove a felicidade, rompe os laços da solidão. Em uma sociedade na qual pais e filhos não são amigos, não penetram no mundo um do outro, a depressão, a ansiedade e outros transtornos emocionais encontram o meio de cultura ideal para crescer.

A autoridade dos pais e o respeito por parte dos filhos não são incompatíveis com a amizade mais profunda, pelo contrário. Por um lado você não deve ser permissivo nem um joguete na mão de seus filhos, por outro lado, deve procurar ser um grande amigo deles, compreender o que está por de trás da cortina dos comportamentos.

Estamos na área da admiração. Se seu filho não admirá-lo, não vai respeitá-lo nem amá-lo de maneira profunda.

Seus filhos o admiram?
Ou você é apenas suportável?

Você é um manual de regras ou é alguém que inspira, seduz, atrai e cativa suas crianças e adolescentes?

Se você apenas criticar erros, elevar o tom de voz ou passar sermões, tenha certeza de que nunca se tornará uma pessoa admirável. Por isso é muito importante cultivar o diálogo. Todos os dias pergunte a seus filhos como eles estão, como você pode contribuir para que eles fiquem mais felizes e seguros. Diga: "Filho, você é insubstituível, eu te amo, você é vital na minha história".

Bons pais são ótimos para dar informações, pais brilhantes são agradáveis, são contadores de histórias, inspiram seus filhos. Você quer ser um pai brilhante? Cultive não apenas o hábito de dialogar, mas também de contar histórias. Ao dialogar você transfere o capital das suas experiências, você penetra em camadas mais profundas. Ao contar histórias você usa metáforas para ensinar, liberta o imaginário, estimula seus filhos a ter um raciocínio complexo. Isso desenvolve a afetividade, a criatividade, a ousadia.

Mesmo que você seja desajeitado, conte histórias para seus filhos.

Contar histórias amplia o mundo das ideias, areja a emoção e diminui os níveis de tensão e ansiedade.

Ensine muito falando pouco. Ensine com metáforas, ensine com histórias.

Os jovens apreciam pessoas inteligentes. Para ser inteligente não é necessário ser um intelectual, um cientista ou ter a mais notável cultura acadêmica, basta criar histórias, ser inventivo, inserir experiências de vida dentro dessas histórias. Muitos pais são mentes engessadas, não são criativos, agem do mesmo jeito, reclamam do mesmo jeito, corrigem do mesmo jeito. Não recomendo que ninguém tenha alergia, mas uma alergia todos os pais deveriam ter: alergia a ser chato e repetitivo, a não encantar os filhos.

Pense comigo, às vezes nem você aguenta seu próprio maneirismo, seu jeito fechado de ser. Como quer que seus filhos o ouçam e o admirem? Não grite, não agrida, não revide com agressividade, não seja chato e repetitivo. Se você fala uma vez, está ótimo; se fala duas vezes, é razoavelmente repetitivo; se fala três, quatro, cinco vezes, é uma pessoa que causa asco nos que estão ao redor.

Se você é um pai repetitivo, tenha certeza de que seu comportamento é tão entediante que, quando você abre a boca, seu filho já não ouve mais. Portanto, seja inventivo. Você pode educar muito se desgastando pouco.

Pais brilhantes estimulam os filhos a vencer temores, a viver com suavidade e relaxamento.

Pais brilhantes são contadores de histórias, são surpreendentes e bem-humorados.

Pais brilhantes criam um clima agradável no qual os erros, as dificuldades e os tropeços são corrigidos de maneira inteligente.

Nada é tão belo como o apreço pela vida. Como ter esperança, perseverança, motivação, determinação, capacidade de se questionar, de superar dificuldades e transformar dias tristes em experiências úteis.

Bons pais são tolerantes com alguns erros dos filhos, pais brilhantes jamais desistem dos filhos, mesmo que estes os decepcionem centenas de vezes. Nossos filhos às vezes podem se mostrar ansiosos, irritados ou tensos, mas jamais devemos perder a esperança de que eles podem e devem se tornar grandes seres humanos.

Pais brilhantes são semeadores de ideias e não controladores de comportamento. Pais brilhantes semeiam no solo da inteligência dos filhos e esperam com paciência que as sementes germinem. Durante a espera pode haver desilusão, angústia e ansiedade, mas, se as sementes são boas, tenha certeza de que um dia haverá uma floresta. Pais brilhantes desenvolvem a ecologia da emoção.

> **Pais brilhantes veem o que ninguém vê, o tesouro soterrado nos rústicos solos do coração emocional dos filhos.**
>
> **Pais brilhantes semeiam com paciência e colhem com perseverança.**

Antigamente os pais eram autoritários, hoje os filhos são. Antigamente os professores eram os heróis dos alunos, hoje são vítimas deles. Os computadores, a internet, as redes sociais são seus heróis. Os jovens desvalorizam pais e professores, mas podemos mudar isso se soubermos cativá-los, se formos inspiradores, se libertarmos o imaginário deles. Se contarmos histórias, se ensinarmos por metáforas.

Por exemplo, se dissermos para eles que a vida é um grande teatro e que eles devem sair da plateia e entrar no palco, assumir o papel solene de ator principal, não ter medo da vida, ter medo sim de não vivê-la intensa e inteligentemente. Se usarmos exemplos, metáforas, imaginação, certamente inspiraremos nossos filhos a desenvolver as mais importantes habilidades – perseverança, ousadia, capacidade de surpreender, criar, construir ideias – que os levarão a ser valorizados, a encantar e a não ser jovens tímidos e inseguros, com medo da crítica dos outros.

PROFESSORES FASCINANTES EDUCAM A EMOÇÃO

Para entender a mente dos alunos de hoje é preciso entender a Síndrome do Pensamento Acelerado (SPA). Eu tive o privilégio de descobrir essa síndrome e a infelicidade de saber que grande parte da população mundial é acometida por ela. A televisão e a internet oferecem um excesso de estímulos que contribuem fortemente para a SPA, e as consequências dessa hiperestimulação são graves.

Os educadores perdem a capacidade de influenciar o mundo psíquico dos seus alunos, seus gestos e palavras não têm impacto emocional nas crianças e adolescentes; por isso, não têm um arquivamento privilegiado na memória dos jovens. Assim, um conselho, orientação ou intervenção dos professores não chega a formar janelas light que os alunos usem para modular a personalidade, para desenvolver características nobres, como pensar antes de agir, se colocar no lugar do outro e trabalhar perdas e frustrações.

Muitas vezes os educadores precisam gritar para obter o mínimo de atenção em sala de aula, mas isso não está correto. Elevar o tom de voz, pressionar, chantagear e comparar são técnicas inadequadas, até mesmo criminosas, que geram janelas killer e não produzem janelas light.

Bons professores são eloquentes, mas professores fascinantes conhecem o funcionamento da mente, sabem como desatar as armadilhas da emoção. Bons professores têm cultura acadêmica, transmitem com eloquência as informações em sala de aula, professores fascinantes procuram conhecer como se constroem os pensamentos, como proteger a emoção, para que os alunos deixem de ser vítimas e se tornem protagonistas da própria história. Para os professores fascinantes, um aluno não é apenas um número na sala de aula, mas sim um ser humano complexo e insubstituível, com particularidades próprias.

Professores fascinantes transformam a informação em conhecimento e o conhecimento em experiência. Sem isso a informação é estéril.

Professores fascinantes sabem que apenas a experiência é registrada de maneira privilegiada nos solos da memória e cria janelas light capazes de transformar saudavelmente a personalidade, elevando a tolerância, a generosidade, desenvolvendo a paciência, a capacidade de empatia, de pensar antes de reagir. Sabendo disso, professores fascinantes sempre trazem informações que transmitem experiências para a vida dos alunos. Professores fascinantes não apenas transmitem informações, mas dão lições de vida.

Bons professores têm metodologia, professores fascinantes têm sensibilidade. Bons professores são didáticos, professores fascinantes têm a habilidade de falar ao coração dos alunos. Professores fascinantes educam a emoção, contribuindo para desenvolver segurança, tolerância, solidariedade, perseverança, proteção contra os estímulos estressantes, inteligência emocional e interpessoal nos alunos.

Bons professores ensinam os alunos a explorar o mundo que habitam, professores fascinantes ensinam os alunos a explorar o mundo que são, o próprio ser. Professores fascinantes sabem que trabalhar com a emoção é mais complexo do que trabalhar com os mais intrincados cálculos da física e da matemática.

Professores fascinantes educam a emoção com inteligência.

O que é educar a emoção? É ensinar a pensar antes de reagir, a não ter medo do medo, a ser líder de si mesmo, a ser autor da própria história, a filtrar os estímulos estressantes. Você não bebe água suja, bebe água filtrada. É quase inacreditável que as pessoas não saibam filtrar os estímulos estressantes. Como se faz isso?

Por exemplo, doando-se, diminuindo a expectativa de retorno, não sendo um agiota da emoção, ou seja, não cobrando demais dos outros e de si. Outro exemplo: desenvolvendo a arte do perdão no lugar da raiva, dos sentimentos de vingança, ódio, exclusão. Entendendo que por trás de uma pessoa que fere há uma pessoa ferida. Isso é filtrar estímulos estressantes.

Se os jovens aprendessem essa ferramenta, grande parte das doenças mentais não existiriam. Grande parte das pessoas violentas se tornariam poetas, teriam tempo para escrever poesias porque seriam muito mais saudáveis.

> **Educar a emoção é doar-se sem medo de que nos decepcionem. Educar a emoção é ser fiel à própria consciência, é contemplar o belo, extrair prazer dos pequenos estímulos da existência.**

Como psiquiatra e psicoterapeuta já tratei celebridades internacionais, pessoas milionárias e bilionárias e vi muitos miseráveis morando em palácios porque nunca educaram a emoção para filtrar estímulos estressantes, para dar um choque nos pensamentos perturbadores, para duvidar, questionar, criticar e determinar onde querem chegar. São pessoas cuja emoção é terra de ninguém, uma ofensa estraga o dia, uma crítica estraga a semana.

Se isso está acontecendo com seus alunos – e isso é algo que está acontecendo no mundo inteiro –, é porque eles não têm proteção emocional. Você pode estar acertando no trivial, dando informações, mas não o essencial. Muitos professores estão formando mentes irritadiças, tensas e ansiosas porque não sabem levar os alunos a navegar nas águas da emoção.

Os jovens se cobram demais, são excessivamente tímidos, parecem autoritários diante dos pais, parecem seguros diante dos professores. Mas, quando colocados em uma situação nova, travam a inteligência, não conseguem debater ideias, não conseguem expressar os pensamentos, não conseguem negociar, não conseguem usar uma queda, um vexame, uma vaia como uma oportunidade criativa para serem mais fortes, inteligentes, lúcidos, criativos e empreendedores.

PROFESSORES FASCINANTES ENSINAM A PENSAR

Bons professores usam a memória como depósito de informações, professores fascinantes usam-na como suporte da arte de pensar. Professores fascinantes vão além do conteúdo programático. Seu objetivo fundamental é ensinar os alunos a serem pensadores e não repetidores de informações. Professores fascinantes fazem a diferença no teatro social, contribuem para desenvolver o pensamento crítico, a arte de pensar antes de agir, a capacidade de expor e não impor ideias, a consciência crítica, a capacidade de debater, de questionar e a preciosa habilidade de trabalhar em equipe.

A educação clássica transformou a memória em um grande banco de dados. Grande erro. A memória não tem essa função. Grande parte das informações que recebemos nunca será recordada, ocupamos um espaço precioso da memória com informações pouco úteis ou mesmo inúteis.

O objetivo máximo da educação não é fazer os alunos repetirem

informações, mas desenvolver a consciência crítica para que se reinventem, ousem, empreendam, ou seja, para que possam ser autores ou protagonistas da própria história.

As provas escolares deveriam estimular os alunos a construir consciência crítica, deveriam ser abertas, promover a criatividade, estimular o desenvolvimento do livre pensamento, cultivar o raciocínio esquemático, expandir a capacidade de argumentação dos alunos. Os testes e as perguntas fechadas deveriam tanto quanto possível ser evitados, deveríamos valorizar outros elementos além da repetição de fatos. Assim se usaria a memória como um canteiro para desenvolver o pensamento crítico e a autonomia, o grande sonho de Paulo Freire; um self criador, o grande sonho de Adler; uma mente expansiva, criativa, inventiva, o grande sonho de Vygotsky; e para o deleite do prazer de aprender, o grande sonho de Platão.

Bons professores são mestres temporários, professores fascinantes são mestres inesquecíveis.

O que você quer ser?

Um mestre temporário, lembrado apenas no período das provas?

Ou um mestre inesquecível, que transmitiu experiências de vida, instigou, provocou o interesse de seus alunos?

Bons professores se preocupam com as notas dos alunos, professores fascinantes se preocupam em transformá-los em engenheiros de novas ideias. Estimule seus alunos a gerenciar os pensamentos, estimule-os a impugnar cada pensamento perturbador mediante a técnica do D.C.D., duvidar, criticar e determinar. A dúvida é o princípio da sabedoria na filosofia, a crítica é o princípio da sabedoria na psicologia, e a determinação estratégica é o princípio da sabedoria na área de recursos humanos.

Estimule seus alunos a duvidar, no silêncio da mente de cada um, de tudo que os controla. Estimule-os a criticar cada ideia perturbadora e cada emoção angustiante. Por exemplo, "eu duvido do meu complexo de inferioridade", "eu critico meu sentimento de culpa", "eu critico a minha angústia", "eu critico o fato de viver em função de quem me ofendeu, de quem praticou bullying comigo", "eu determino estrategicamente ser feliz, forte, protagonista", "eu determino gerir a minha emoção". Se ensinar a técnica do D.C.D. aos alunos, você os estimulará a ter proteção emocional.

Somos mais de 7 bilhões de seres humanos, mas talvez não haja milhares que conheçam ferramentas mínimas para proteger a emoção. Com a técnica do D.C.D. seus alunos terão mais condições de atuar como gestores da mente. De impugnar, confrontar e discordar de tudo que os controla, assim com um advogado protege o réu para que ele não seja encarcerado. Você tem a função e a responsabilidade de desatar os cárceres mentais e de levar seus alunos a romper as amarras das armadilhas emocionais.

Só conseguimos construir o futuro se temos coragem de enterrar o passado e nos reinventar quando falhamos, quando erramos.

Enterrar o passado não é negá-lo, escondê-lo, excluí-lo, mas trabalhá-lo e reciclá-lo como nutriente vital para enriquecer a ecologia da emoção e acessar o papel do Eu como diretor do script da nossa mente.

OS SETE PECADOS DA EDUCAÇÃO

Pais, professores, educadores de modo geral – todos nós erramos. Sejamos sábios então para transformar os erros em oportunidades criativas. Vou apresentar os sete pecados capitais que cometemos na educação das crianças e adolescentes.

O primeiro dos pecados capitais é corrigir publicamente. Devemos elogiar em público e corrigir em particular. Um educador jamais deveria expor o defeito de um filho ou aluno. A exposição pública produz humilhação e traumas às vezes difíceis de serem superados. Um educador deve valorizar mais a pessoa que erra do que o erro.

> **Pais e professores só devem intervir publicamente quando o filho ou aluno ofendeu ou feriu outros. Mesmo assim, devem exaltar quem errou com elegância, dizer o quanto ele é importante.**

Se você fala para um aluno que acabou de ter um comportamento agressivo: "Você não é só mais um número nessa classe, você é um aluno especial, e eu acredito que você vai brilhar ao longo da vida. Agora, pense nesse seu comportamento", isso é totalmente diferente de elevar a voz, dizer que tal aluno não será nada na vida, atitudes que geram janelas killer, às vezes inesquecíveis.

O segundo pecado capital é expressar a autoridade com agressividade. Não devemos ser educadores autoritários. Perceba que uma pessoa autoritária nem sempre é bruta ou agressiva, às vezes sua violência está disfarçada em uma delicada imutabilidade e teimosia, sempre repetindo comportamentos, repetindo broncas, expondo falhas das pessoas mesmo que de maneira branda. Isso asfixia quem amamos, produz janelas traumáticas.

Quando irritados, alguns filhos apontam os erros dos pais e os provocam. Quantos pais não perdem a paciência ao ver seus filhos terem esse comportamento? Aí elevam o tom de voz. Quem eleva o tom de voz já perdeu, perdeu sua autonomia, sua generosidade, sua capacidade de educar. Quem critica excessivamente produz uma quantidade absurda de janelas traumáticas, impedindo que os filhos e alunos sejam espontâneos, seguros, empreendedores e ousados. Criticar excessivamente produz pessoas frágeis e tímidas, pessoas que não têm resiliência.

Outro erro sério é repetir comportamentos. Não devemos ter nenhum tipo de alergia biológica, física, mas deveríamos ter uma alergia emocional – alergia a ser chatos, repetitivos, a dar a mesma bronca, a fazer os mesmos questionamentos, a sentenciar nossos filhos e alunos com as mesmas ideias.

Seja criativo ao corrigir seus filhos e alunos.

No pequeno anfiteatro da sala de aula e da sala de casa, professores e pais brilhantes deveriam estimular seus alunos e filhos a fazer a mais importante viagem, a viagem para dentro de si mesmo, e ensiná-los a proteger o mais delicado território, o território da emoção. Mas como ensinar essa arte se não a aprenderam? Como levar o Eu a ser autor da própria história quando se não tem autocontrole nos focos de tensão? Se pais e professores não conseguem ser protagonistas da própria história quando provocados pelos filhos e alunos, quem estão formando? Que tipo de erros capitais estão cometendo?

Pais que impõem sua autoridade são aqueles que têm receio das próprias fragilidades. Devemos expor e não impor as ideias. Os limites devem ser colocados com segurança, inteligência e explicação, mas não com imposição, não com agressividade. Ainda que seus filhos façam birras, seja altruísta, seguro, determinado.

Limite o uso de celular a uma hora por dia no caso de crianças de 7, 8 anos de idade. Para um adolescente de 12 ou 13 anos, fixe um máximo de duas horas depois do almoço ou de tardezinha. Não permita celulares a torto e a direito, sem limites, pois o excesso de uso de aplicativos, internet e redes sociais pode gerar dependência, às vezes nos níveis de drogas. Retire o celular de um aluno ou filho por dois ou três dias e você verá sintomas da síndrome de abstinência, irritabilidade, humor depressivo, baixa limiar para frustração.

> **A autoridade tem que ser colocada com segurança, firmeza, mas também com elegância e generosidade.**
>
> **Quando colocar um limite, explique o motivo pelo qual está fazendo isso.**

O terceiro pecado capital que pais e professores cometem com frequência é ser excessivamente punitivo. A criança não pode errar que já é punida, não pode elevar o tom de voz que já é criticada, não pode brincar, fazer um pouco de bagunça ou deixar cair alguma coisa que já leva bronca. Isso é péssimo. Pais e professores excessivamente punitivos, que estão sempre apontando as falhas dos filhos e alunos, não estão preparados para formar pensadores, estão preparados para consertar máquinas, não para formar mentes brilhantes. Por isso estamos na era da ansiedade, na era da depressão, na era dos transtornos psicossomáticos, com o aumento do suicídio entre crianças e adolescentes.

Por que na era da indústria do lazer nossos filhos e alunos estão desistindo de viver? Nunca tivemos uma geração jovem tão triste, ao mesmo tempo que a indústria do entretenimento nunca foi tão poderosa.

Às vezes contribuímos para asfixiar a alegria, a leveza e a suavidade dos nossos filhos e alunos. Quando somos excessivamente críticos, quando damos broncas continuamente, quando somos autoritários, quando não os levamos a contemplar o belo, a fazer das pequenas coisas um espetáculo aos olhos, quando não transferimos o capital das experiências, quando não aplaudimos os acertos.

Devemos em primeiro lugar elogiar, celebrar os acertos dos nossos filhos e alunos. Muitos comportamentos notáveis passam despercebidos porque nosso cérebro é viciado em apontar falhas.

A vida é feita de escolhas, e todas as escolhas implicam perdas. Devemos aprender a escolher o essencial e deixar de lado o trivial. Espero que possamos escolher educar filhos e alunos para serem protagonistas da própria história.

O quarto pecado capital é falar, corrigir ou expressar ideias de modo irado. Quando você demonstra raiva, ódio, impaciência, intolerância, você não corrige, por mais que esteja correto, você produz janelas killer, não janelas light. Lembre-se de que o fenômeno RAM registra tudo automática e involuntariamente, mas registra de maneira privilegiada aquilo que tem volume emocional mais alto. Raiva, ódio, vingança, impaciência, intolerância têm um volume de tensão absurdo, nos primeiros 30 segundos de tensão arquivamos janelas traumáticas que se tornam inesquecíveis.

Você deve pensar antes de reagir. Quando um filho é teimoso ou um aluno tem um comportamento rebelde, pare, respire, vá para dentro de si mesmo e faça o silêncio proativo, não um silêncio subserviente, tímido, no qual você se cala com medo ou com raiva.

Quando você faz o silêncio proativo, você ataca – não os outros, você ataca os pensamentos perturbadores, critica o núcleo de tensão, recicla as ideias angustiantes, o sentimento de indignação, você se torna autor da própria história.

Quando você age com elegância e deixa claro que está triste ou magoado com o erro de um filho ou aluno, você o estimula a ter empatia e se colocar no seu lugar. Você pode dizer: "Filho, eu te amo muito, mas você machucou o papai", "Aluno, você é especial para mim, mas seu comportamento me feriu". Quando você usa a técnica da teatralização da emoção, mostra que está triste, mas primeiro elogia, você produz janelas light.

Colocar limites sem dar explicações é um pecado capital. O objetivo de colocar limites não é oprimir, apequenar, humilhar, diminuir, mas levar o Eu de seu filho ou aluno a ser autor da própria história, fazer dele um

ser humano apaixonado pela vida, empático, que sabe se colocar no lugar do outro.

O quinto pecado capital que cometemos frequentemente na relação com nossos filhos e alunos é ser impaciente. Educar é beber da fonte da paciência, mas atualmente pais e professores são acometidos pela Síndrome do Pensamento Acelerado, estão abarrotados de dados, de preocupação, de trabalho, acabam não elaborando as experiências, não protegendo a emoção, não filtrando estímulos estressantes. Por isso se irritam com muita facilidade com seus filhos e alunos.

Pai e professor, contemple o belo, faça muito das pequenas coisas, converse com as flores, faça programas sociais, relaxe, resgate seus sonhos, não seja uma máquina de trabalhar, não seja uma máquina de atividades. Você é um ser humano e sabe que a vida é brevíssima para se viver e longuíssima para se errar.

Você deve beber da fonte da paciência.

Como ter paciência com os filhos e alunos se você não tiver paciência consigo? Se não investir na qualidade de vida? Se você entra na sala de aula já trêmulo de ansiedade? Se reage a ferro e fogo nos embates com os filhos e alunos?

> **Educar é semear com paciência e colher com perseverança. São os filhos difíceis, arredios, teimosos que testam a grandeza do seu amor, da sua paciência, do seu limiar para frustrações. São os alunos irritadiços, insuportáveis que testam seu humanismo, sua capacidade de educar com grandeza e sabedoria aula. Às vezes os filhos e alunos que mais dão dores de cabeça são os que no futuro dão as maiores alegrias se você investe neles, no que eles têm de melhor.**

O sexto pecado capital é não cumprir com a palavra. As relações sociais são um contrato assinado no palco de nossa mente, não quebre as cláusulas desse contrato. Não diga que sim e depois negue. Não diga que permite e depois proíba. É melhor dizer não com inteligência, com explicação. Seja honesto com os jovens, cumpra com o que prometer.

Diga não com segurança, mesmo que seu filho faça birra, se atire no tapete. Não tenha medo, não caia na chantagem dos seus filhos nem seja plateia deles. Às vezes é melhor você sair de cena do que ficar dando broncas, criticando, perdendo o autocontrole. Diga para eles que é importante ouvir não, pois a vida não tem apenas sim, tem muitos nãos.

O último e maior pecado capital que os educadores podem cometer é destruir a esperança e os sonhos dos jovens. Pais e professores sempre devem alimentar o sonhos dos jovens, nunca devem desanimá-los, devem ensiná-los a usar as dores para nutrir sua força, resiliência e coragem.

Depois da mais dramática tempestade surge o mais belo amanhecer.

EDUCADORES BRILHANTES FORMAM SUCESSORES

Todos os seres humanos, mesmo os que foram abandonados pelos pais ou tiveram a infelicidade de perdê-los, são herdeiros, receberam o dom da existência. A natureza é uma sinfonia gratuita para o ser humano se alegrar, somos herdeiros de tantas coisas belas e encantadoras, recebemos bens relevantes, os valores, a cultura, a tradição da família e do país, as garantias constitucionais dos direitos humanos fundamentais. Os mais privilegiados recebem mais do que dinheiro, recebem doses elevadas de afeto, amor, generosidade, tolerância, uma educação inteligente e instigante. Somos herdeiros, somos todos herdeiros.

É inegável que, tendo pais ricos ou não, sendo aprovados e aplaudidos pelas pessoas ao nosso redor ou não, recebemos inúmeras coisas pelas quais deveríamos nos curvar em agradecimento e ver a vida como um espetáculo único e imperdível. No entanto, nenhuma herança dura eternamente, precisa no mínimo ser preservada e, se possível, enriquecida e expandida.

Assim, devemos sair da condição de herdeiros para nos tornar sucessores.

Quem preserva e expande a herança recebida se torna um sucessor.

Sucessores têm um caso de amor com sua qualidade de vida. Entendem que a vida é bela e breve como gotas de orvalho, aparece por instantes e logo se dissipa aos primeiros raios solares do tempo. Sucessores sabem que precisam ser ousados, mas são estrategistas que pensam a médio e longo prazo, não são imediatistas como os herdeiros.

Sucessores cuidam de maneira carinhosa da própria existência. Expandem o legado que recebem dos pais. Se recebem bens materiais, dinheiro, ações ou uma empresa, pensam como administrar, não gastam tudo, não são torradores de herança como os herdeiros. Sucessores pensam lá na frente, cuidam do futuro desenhando de forma inteligente o presente.

Muitos pais pagam com sacrifício escolas particulares para os filhos, mas estes não atuam como sucessores, desperdiçam a oportunidade, sem saber que nessa breve existência as oportunidades são escassas e algumas nunca voltam. Os herdeiros vivem à sombra de seus educadores, são peritos em reclamar, especialistas em querer tudo rápido e pronto, são imediatistas. Conectam-se nas redes sociais, mas não se conectam consigo.

A queda de famílias renomadas, de empresas poderosas, de impérios imbatíveis ocorre quando se destrói a formação de sucessores e se produz herdeiros dissipadores de heranças. Sucessores conseguem preservar os valores éticos dos pais, os bens que eles adquiriram, seu legado.

O que você está formando como pai e professor? Sucessores ou herdeiros? Você segue os hábitos dos pais e professores fascinantes para formar sucessores? Ou bombardeia seus filhos e alunos com broncas e críticas, eleva o tom de voz, é repetitivo e chato?

Lembre-se: você só conseguirá ser eficiente se for um engenheiro de janelas light. Se transferir o capital das suas experiências. Se educar a emoção dos seus filhos e alunos. Se não tiver medo de falar das suas lágrimas para que eles aprendam a chorar as deles. Se não tiver receio de falar das suas derrotas para que eles entendam que ninguém é digno de sucesso se não usar seus vexames, suas falhas, suas crises para alcançar o pódio.

Sonhe formar sucessores e não tenha medo de falhar. Se falhar, não tenha medo de chorar. Se chorar, repense sua vida, mas não desista.

Dê sempre uma nova chance para si mesmo e para quem você ama.

Diante das dificuldades, da resistência dos filhos e alunos, dos conflitos e das limitações, quando veem a tempestade, pais brilhantes e professores

fascinantes veem oportunidades de cultivar. Eles transformam gotas de lágrima em gotas de sabedoria. São capazes de olhar para seus filhos e alunos e dar o melhor de si.

Nunca desista dos seus sonhos. Apesar das limitações e imperfeições, pais e professores são insubstituíveis para formar mentes brilhantes com emoção saudável. Um computador jamais sentirá medo, mas você sentiu medo e o trabalhou e deve ensinar seus filhos e alunos a trabalhar seus medos. Um computador nunca hesitará, nunca terá dúvida, mas você já passou pelos vales da dúvida, já hesitou e deve ensinar seus filhos e alunos a escrever capítulos nobres quando acham que não têm força.

Educar filhos e alunos é uma das tarefas mais complexas da atualidade. Podemos dirigir empresas com milhares de funcionários, mas falhar na formação de um ser humano. Educar é amar, se entregar, se estressar de vez em quando, falhar, chorar em alguns momentos, mas ter a certeza de que vamos dar o melhor e as mais belas ferramentas para formar filhos e alunos que façam a diferença no teatro social, que tenham uma mente brilhante e uma emoção saudável.

Desejo que você cultive as mais belas flores no lindo jardim do território da emoção. Desejo que você seja um educador inteligente, que liberte o seu imaginário, que não tenha medo de se reinventar, que não tenha medo de chorar, que não tenha medo de continuar.

Dê sempre uma nova chance para si, para seus filhos e para seus alunos, pois vale a pena viver a vida, mesmo quando o mundo desaba sobre nós, mesmo quando as pessoas mais caras nos decepcionam.

Um verdadeiro educador semeia nos solos do coração emocional, na memória dos filhos e alunos, semeia com paciência e colhe com perseverança.

RESUMO

1º HÁBITO
Não dê presentes, dê seu próprio ser

Bons educadores atendem, dentro das suas condições, os desejos de seus filhos e alunos. Educadores brilhantes, porém, dão algo incomparavelmente mais valioso. Algo que todo o dinheiro do mundo não pode comprar: o seu ser, a sua história, as suas experiências, as suas lágrimas, o seu tempo.

Tenha coragem de falar sobre os dias mais tristes de sua vida. Tenha ousadia de contar sobre suas dificuldades do passado. Fale de suas aventuras, seus sonhos e dos momentos mais alegres de sua existência. Humanize-se. Transforme a relação com seus filhos ou alunos numa aventura. Tenha consciência de que educar é penetrar um no mundo do outro.

Você tem experiências riquíssimas que transformam sua história num filme mais interessante do que os de Hollywood. Se você duvida disso é porque talvez nem se conheça, e, pior ainda, nem se admire. Liberte a criança feliz que está em você. Liberte o jovem alegre que vive na sua emoção, mesmo que seus cabelos já tenham embranquecido. É possível recuperar os danos.

2º HÁBITO
Não corrija os erros, ensine a pensar

Quando você abre a boca para repetir as mesmas coisas, detona um gatilho inconsciente, que abre determinados arquivos da memória que contêm as velhas críticas. Seus filhos ou alunos já saberão tudo o que você vai dizer. Eles se armarão e se defenderão. Consequentemente, o que você disser não ecoará dentro deles, não gerará um momento educacional. Esse processo é inconsciente.

Não seja um perito em criticar comportamentos inadequados, seja um perito em gerar reflexão. As velhas broncas e os conhecidos sermões definitivamente não funcionam, só desgastam a relação.

Bons educadores dizem: "Você está errado", educadores brilhantes dizem: "O que você acha do seu comportamento?". Bons educadores punem quando os filhos ou alunos fracassam, educadores brilhantes os estimulam a fazer de cada lágrima uma oportunidade de crescimento.

3º HÁBITO
Prepare para o fracasso, não para os aplausos

Não é preciso preparar ninguém para receber aplausos. É preciso preparar filhos e alunos para enfrentar as derrotas, educando não só a inteligência lógica, mas também a sensibilidade. Viver é um contrato de risco. Os jovens precisam viver esse contrato apreciando os desafios e não fugindo deles. Se eles se intimidarem diante das derrotas e dificuldades, desenvolverão complexo de inferioridade, baixa autoestima e sentimento de incapacidade. As crianças serão felizes se aprenderem a contemplar o belo nos momentos de glória e de fracasso, nas flores da primavera e nas folhas secas do inverno. Eis o grande desafio da educação da emoção.

4º HÁBITO
Saiba educar a emoção, não a inteligência lógica

Bons educadores ensinam seus filhos e alunos a explorar o mundo em que estão, do imenso espaço ao pequeno átomo. Educadores fascinantes ensinam a explorar o mundo que eles são, seu próprio ser.

Eduque a emoção com inteligência. E o que é educar a emoção? É estimular a pensar antes de reagir, a não ter medo do medo, a ser líder de si mesmo, a ser autor da própria história, a saber filtrar os estímulos estressantes e a trabalhar não apenas com fatos lógicos e problemas concretos, mas também com as contradições da vida.

Educar a emoção também é se doar sem esperar retorno, ser fiel à consciência, extrair prazer dos pequenos estímulos da existência, saber perder, correr riscos para transformar os sonhos em realidade, ter coragem para andar por lugares desconhecidos.

5º HÁBITO
Estimule a arte de pensar

A educação clássica transformou a memória humana num banco de dados. A memória não tem essa função. Grande parte das informações que recebemos nunca será recordada. Ocupamos um espaço precioso da memória com informações pouco úteis e até inúteis.

Bons educadores usam a memória como armazém de informações, educadores fascinantes usam a memória como suporte da criatividade. Seu objetivo fundamental é ensinar seus filhos e alunos a serem pensadores e não repetidores de informações.

Os jovens que vão mal nas provas hoje poderão se tornar excelentes cientistas, executivos e profissionais no futuro. Basta que os estimulemos. Estimule seus filhos e alunos a abrir as janelas da mente, a ter ousadia para pensar, questionar, debater, romper paradigmas.

6º HÁBITO
Eduque para a vida

Um bom educador prepara seus filhos ou alunos para uma profissão, para uma tarefa. Um educador fascinante os educa para a vida. Educadores fascinantes são pessoas revolucionárias, podem ser desprezados e ameaçados, mas sua força é imbatível. São incendiários que inflamam a sociedade com o calor de sua inteligência, compaixão e singeleza. Quem está ao seu redor adquire um bem extraordinário – a consciência crítica. Por isso não são manipulados, controlados, chantageados. Num mundo de incertezas, eles sabem o que querem.

Prepare seus filhos e alunos para explorarem o desconhecido, para não terem medo de falhar, mas medo de não tentar. Ensine-os a conquistar experiências originais pela observação de pequenas mudanças e correção de grandes rotas. Leve os jovens a ter flexibilidade no trabalho e na vida, pois só não muda de ideia quem não é capaz de ter ideias.

7º HÁBITO
Nunca desista

Educadores brilhantes são semeadores de ideias e não controladores. Eles semeiam no solo da inteligência de seus filhos e alunos e esperam que um dia as sementes germinem. Durante a espera pode haver desolação, mas, se as sementes são boas, um dia germinarão.

Devemos ser poetas na batalha da educação. Podemos chorar, mas jamais desanimar. Podemos nos ferir, mas jamais deixar de lutar. Devemos ver o que ninguém vê. Enxergar um tesouro soterrado nas rústicas pedras do coração.

Os educadores que dizem "Eu sei" ou "Não preciso da ajuda de ninguém" já estão derrotados. Para educar precisamos aprender sempre e conhecer na plenitude a palavra paciência. Quem não tem paciência desiste, quem não consegue aprender não encontra caminhos inteligentes.

Os jovens não precisam de gigantes, mas de seres humanos que falem sua linguagem e sejam capazes de penetrar seu coração.

Educar é ser um artesão da personalidade, um poeta da inteligência, um semeador de ideias.